Collection

souris noire

dirigée par
François Guérif

L'auteur

Olivier Mau arrive sur terre en 1967. Viré de partout, champion de France de l'exclusion scolaire, il passe son temps à parler de Jules Vernes, et ça énerve tout le monde. Remercié du service militaire pour « mauvais esprit », le jeune homme découvre le roman noir, et ça n'arrange pas ses affaires.
Après avoir pratiqué bon nombre de petits boulots, et las d'être persécuté par son banquier qui le poursuit en agitant les bras, il s'exile à Londres où il sévit quelques années dans le milieu publicitaire. Il découvre la bière irlandaise, et se met à fréquenter les chanteurs de rock. Ensuite, rien ne va plus : le garçon se met à écrire. Son papa lui conseille vivement de changer de métier, mais sa maman lui explique que c'est pas grave puisque c'est lui le meilleur.
Résultat : on ne peut plus l'arrêter.

Jeunesse

- *Mon frère est un drôle de type*
  Syros. Souris Noire poche (97)
- *Armand et les Passimpas*
  Syros. Mini-Souris noire (98)
- *Armand, dur à cuire !*
  Syros. Mini-Souris noire (99)
- *Rachid système*
  (avec les Chaps) Méréal (98)
- *Les fusils dans l'île*
  Le Furet / Albin-Michel (99)

Olivier Mau

Tonton Émile

Illustration de couverture
Jacques Ferrandez

souris
noire

[redacted]

SYROS
jeunesse

À mon père

Catalogage Électre-Bibliographie
Mau, Olivier
Tonton Émile. – Paris : Syros, 1999. – (Souris noire poche ; 32)
ISBN 2-84146-678-7
Dewey : 811.5 : Albums et fiction. Romans. Aventures et voyages
Public concerné : Adolescents (à partir de 12 ans)

« N'a jamais de stylo ni même sa trousse.
S'amuse et amuse les autres pendant la
leçon de maths. Est insupportable en plein air. »

Carnet quotidien. École Massillon.
Année scolaire 1974-1975

1

Avant, je n'avais jamais vu la mer autrement qu'à la télévision. Et, pour une fois, elle s'étendait devant moi, à perte de vue. Un océan de bleu sur lequel le soleil jouait de ses rayons à vous en décoller les rétines.

Allongé sur le sable, les doigts de pied en éventail, j'admirais les goélands planer dans le ciel, et je pensais qu'ils me comprenaient. J'étais sûr qu'ils pouvaient lire mes pensées.

Comme pour confirmer mon impression, sans raison, le plus majestueux s'est mis à tourner en rond, à ma verticale. Il descendait à vue d'œil. Il plongeait vers moi parce que j'étais le centre du monde. Et puis, comme venu de nulle part, un oiseau brun a surgi. Un rapace au bec crochu et aux serres effilées comme des lames. J'entendais le battement de ses ailes soulever les paquets d'air. Il a fondu sur le goéland qui s'approchait de moi. J'ai voulu le prévenir, j'ai bien essayé de hurler, mais ma bouche ne s'ouvrait pas. Je suis resté immobile, pétrifié. Je n'ai poussé qu'un gémissement rauque en soulevant mes couvertures, tandis que le bec du rapace déchirait les chairs de l'oiseau blanc.

Et la sonnerie m'a réveillé. Alors, couvert

de transpiration, j'ai bondi de mon lit en criant. Les autres étaient déjà sur le sol et se ruaient vers la porte du dortoir. Cette fameuse sonnette, nous la regardions tous les jours en se moquant, mais ce coup-ci, elle tintait pour de bon. Une drôle d'impression.

J'ai eu le temps d'aviser ma montre qui marquait trois heures du matin, la lumière s'est allumée, blafarde, et le pion m'a saisi par le col du pyjama.

– Dépêche ! a-t-il bramé pour couvrir le son strident de l'alarme, vite ! Alerte au feu !

Alerte au feu, ai-je répété mentalement. Moi qui sortais de l'eau, je l'ai trouvé ridicule. Parce que, moi, il faut que je vous dise, je suis courageux. Je suis quelqu'un d'exceptionnel qui n'a peur de rien. Disons qu'avant cette histoire j'en étais persuadé.

Mais comme tout le monde, j'ai galopé vers le couloir où les enfants se bousculaient. Coincé entre deux autres gamins, Maxence avait l'air impressionné. Il piétinait pour avancer plus vite, la tête rentrée dans les épaules. Je n'aimais pas Maxence. Je pensais que c'était un trouillard. Et, même s'il avait perdu son père, ce qui le rendait formidable aux yeux des autres, je pensais que ce n'était pas une excuse pour avoir peur de tout. Formidable, ça ne vaut pas exceptionnel.

Les copains se poussaient du coude. Ils s'invectivaient sous les cris agacés du pion qui les exhortait de sa voix nasillarde.

– Plus vite ! hurlait-il. Deux par deux vers les escaliers !

Je ne sentais pas de fumée. Sinon la cavalcade et les gamins affolés concentrés en grappes, je ne voyais rien d'anormal à l'étage. La nuit, j'avais l'habitude de courir les couloirs. Une de mes spécialités, c'était de faire des promenades solitaires quand le dortoir était endormi.

Le pion nous a ordonné une nouvelle fois de rester groupés, et nous avons dévalé les marches de béton jusqu'au rez-de-chaussée.

Le corridor était carrelé de blanc, et les veilleuses nous illuminaient de vert, comme des acteurs sur une scène de théâtre. Au bout du couloir, engoncé dans son peignoir Eurodisney, le directeur nous attendait, un chronomètre à la main.

– Bravo ! s'est-il exclamé. Trois minutes ! Parfait !

Je secouais la tête d'un air dégoûté. Maxence attendait contre un mur, tout maigre dans son pyjama qui lui collait aux côtes.

– Fausse alerte ! a repris le directeur. C'était un exercice ! Bravo les enfants ! Jolie performance ! Il y a de quoi être fier ! Pour la peine, demain, le réveil est reporté d'une demi-heure !

Un grognement de protestation s'est fait entendre, mais le pion a vite élevé la voix pour nous clouer le bec.

– Allez hop ! a-t-il beuglé, tout le monde au lit ! Et en silence !

– Tu parles ! ai-je pouffé, saloperie d'exercice !

– Comment ? s'est-il étranglé, qu'est-ce que vous avez dit, Édouard ?

– Rien, ai-je répondu. Rien du tout.

– Ah oui ? Huit de conduite ! Collé samedi !

J'ai haussé les épaules parce que de toute manière, j'étais collé tous les samedis. Huit de conduite, ce n'était pas grand-chose pour un cador de mon acabit. J'avais déjà obtenu zéro à plusieurs reprises. Je crois que j'avais le record de colles.

Alors que je remontais les escaliers en ricanant, le directeur marmonnait pour lui-même :

– Trois minutes ! Excellent, ça ! Trois minutes !

2

– Édouard, tu ne vas pas recommencer ton cirque ?

J'ai fait comme si je n'avais rien entendu. J'ai baissé la tête en pinçant les lèvres parce que j'avais une folle envie d'éclater de rire.

– Tu m'entends ? Tu vas répondre ?

J'étais un dur à cuire. La tête brûlée de la pension. Quand il s'agissait de se faire remarquer, j'étais toujours partant. *Capable de tout*, avait expliqué le directeur lors d'un conseil de classe, *à surveiller de près*.

À sept ans, j'étais parti, ma valise sous le bras, avec mon père sur le quai de la gare qui me demandait d'être un homme, qui m'expliquait que c'était la seule solution, pour mon bien, et cela faisait six années que je ne revenais que pour les grandes vacances. Et pourtant, à la maison, tout allait bien. Contrairement à la majorité des enfants qui habitaient la pension, mes parents n'étaient pas divorcés. Ils s'aimaient, et je le voyais bien. C'est peut-être pour cela que je suis devenu agité. Je ne pensais pas avoir fait de mal à qui que ce soit pour mériter l'internat.

Tout ce temps, on ne peut pas dire que je me sois ennuyé. Même si j'étais dans une pension pour enfants difficiles, ceux qu'il fallait mater en douceur, il ne faut pas croire que je perdais mon temps.

J'étais chef de bande. Les autres admiraient ma façon de répondre aux professeurs. J'étais collé tous les week-ends, c'était le prix à payer, mais j'avais le droit au respect, et mieux, à l'adulation des autres. Les pauvres petits autres qui n'avaient pas de personnalité. Ceux que j'appelais volontiers les « moutons ».

D'ailleurs, je n'avais pas besoin d'eux. J'avais l'imagination fertile. Un rien m'amusait. Comme faire des brochettes de mouches avec mon agrafeuse. J'élaborais des bombardiers-mouches. Les filles pensaient que c'était inhumain, et c'est pour cette raison que je n'avais pas beaucoup de succès auprès d'elles.

– Évidemment, je leur répondais, une mouche, ça n'a rien d'humain, têtes de linotte !

C'est comme ça que je leur fermais le clapet. Les filles m'indifféraient. Je les trouvais ridicules à se pomponner et à toujours pouffer dans les coins.

Alors que Maxence, lui, ce n'était pas la même chose. Elles se traînaient toutes à ses pieds, Maxence par ci, Maxence par là. Il était maigre comme un clou, mais lorsqu'il souriait, il fallait les voir.

– Il n'est pas beau, s'accordaient-elles, mais c'est fou comme il a du charme !

Maxence avait le don de m'énerver. Je n'étais pas jaloux, mais je ne comprenais pas pourquoi les filles aimaient les romantiques. Les cérébraux. Maxence était premier de la classe. Et le pire, c'est que question colles, il me talonnait presque. Dès l'extinction des lumières, il s'enfermait dans les toilettes pour lire Jules Verne. Comme si lire, c'était intéressant.

Je le croisais souvent alors que je déambulais dans les couloirs. Le directeur lui avait confisqué six fois le même livre, zéro de conduite à l'appui.

Même s'il commençait à se constituer une bande, j'étais certain que Maxence finirait par avoir peur de moi. J'essayais tout pour le terroriser et, surtout, l'humilier devant les autres. Mon souffre-douleur. Un jour, j'ai failli l'étouffer. Sur le petit chemin qui menait des terrains de sport à la pension, je lui ai collé le visage dans la neige jusqu'à ce qu'il ne puisse plus respirer. Il battait des bras pour se libérer, et j'appuyais toujours plus. Sans raison. Parce que je suis ce qu'on appelle un caractériel. Simplement parce qu'il m'avait regardé de travers. Un regard que je n'ai pas pu supporter, comme s'il voulait me dire que mes brimades ne suffisaient pas, qu'il serait toujours le plus fort, et que le salaud, c'était moi.

C'est le pion qui m'a tiré par derrière, et qui m'a envoyé bouler dans la neige. Le visage de Maxence était violacé. Il se tenait le ventre à deux mains, la bouche ouverte, couvert de neige, et pour la première fois dans ses yeux, j'ai vu de la haine.

– Tu vas répondre ?

Le pion était collé contre moi, et de sa main, il me serrait la nuque. C'est ainsi qu'il matait les fortes têtes, en leur broyant le cou de ses doigts rongés. Je sentais son souffle rauque, oppressé par la colère.

– Ça va ! ai-je crié en me débattant, lâchez-moi, à la fin !

– Vendredi, a-t-il répondu en m'envoyant une claque derrière la tête, vendredi, ça va être ta fête !

Tous les vendredis soir, c'était le conseil de classe. Chaque élève attendait assis sur sa chaise tandis que les professeurs délibéraient dans le bureau du directeur. Cela pouvait durer plus d'une heure et, ensuite, ils apparaissaient dans les salles de classe, graves comme des militaires, pour distribuer les notes de conduite. Chacun se levait à l'appel de son nom, mains croisées derrière le dos, puis recevait le verdict en silence.

J'avais une furieuse envie de rire parce qu'avec tous les zéros que j'avais déjà accumulés, j'étais privé de visites jusqu'à la fin de l'année. Collé tous les week-ends.

Et le samedi suivant, alors que les autres s'amusaient et que j'étais consigné, résigné devant ma copie blanche, c'est là que les événements se sont précipités.

3

Il y a eu des cris dans les couloirs, le pion est sorti de la salle pour intervenir, et nous avons lâché nos stylos. Nous étions cinq. Dont Maxence qui s'était encore fait attraper à lire *Vingt-mille lieues sous les mers* en catimini dans les toilettes.

Comme le pion s'éternisait dehors, nous avons commencé à nous battre. Je ne sais pas qui a déclaré les hostilités, mais l'occasion était trop bonne pour que je me rue sur Maxence. Mon idée, c'était de lui faire vraiment mal. Ce regard qu'il m'avait lancé, j'avais bien l'intention de lui faire payer.

Question bagarre, j'en connaissais un rayon. Les autres ont laissé faire, admiratifs. Ils se sont postés en cercle autour de nous, j'ai poussé Maxence contre le mur, et je lui ai serré la gorge.

Maxence s'est défendu. Il m'a bourré le ventre de coups de poing. Il est devenu comme fou et je me suis fait surprendre. Je n'avais jamais imaginé qu'une lopette dans son style soit capable d'une telle réaction. Je me suis retrouvé sur le sol, Maxence à califourchon sur moi. Très mauvaise situation. Les autres ne manquaient rien du spectacle. Ils applaudissaient en hurlant.

Ses genoux bloquaient mes coudes et, de

ses mains, il pouvait faire ce qu'il voulait. J'ai vu son poing se lever vers mon visage, j'ai fermé les yeux, une éternité, et Maxence est parti en arrière.

– Vous deux, ça suffit ! criait le pion.

Il tenait Maxence par le revers de la chemise. Il avait l'air vraiment énervé. Sur les nerfs.

– Maintenant, vous filez chez le directeur ! Si les colles ne vous suffisent pas, vous verrez bien la suite !

Il nous a pris, chacun dans une de ses grandes paluches, et il nous a escortés dans les couloirs, vers l'aile opposée du pensionnat.

– Toi, ai-je murmuré à Maxence, tu ne perds rien pour attendre.

– Cause toujours, il m'a répondu. Tu ne me fais pas peur.

Le pion nous a encore collé une claque pour nous faire taire, et nous nous sommes retrouvés devant le bureau du directeur, pas tellement rassurés.

Le pion a frappé la porte de sa chevalière, mais personne n'a donné de réponse. Et ça, c'était très mauvais signe. Ça voulait dire que nous devions déranger le directeur dans ses appartements personnels. Et le directeur, il n'aimait vraiment pas être dérangé.

Maxence a jeté un regard vers le pion qui n'a pas bronché. Il a juste esquissé un geste du menton en direction du couloir. Celui qui menait aux appartements.

Nous avons traversé la pension sans un mot, mais moi, je m'en souviens bien aujourd'hui, je serrais les poings à m'en faire saigner les paumes.

Le directeur était assis dans son canapé de cuir, les pieds chaussés de vieilles charentaises, bien allongés devant lui. Il regardait la télévision qui déblatérait les actualités régionales, une main posée sur la tête de son chat. C'était un vieux bonhomme pas facile, les joues mangées par la barbe, et qui n'avait jamais eu d'enfant.

– Encore vous... a-t-il soupiré en nous voyant. Vraiment, cela devient fatiguant.

– Ils se sont battus, a rapporté le pion d'une voix servile, j'ai cru qu'ils allaient s'écharper pour de bon. En pleine salle de colle ! Et si je me suis permis, c'est parce que ce n'est pas la première fois. Ces deux-là, il faut les casser. Et surtout Édouard ! Le casser avant qu'il ne soit trop tard ! Il pourrit la vie du pensionnat !

– Mais qu'est-ce que je vais faire de toi ? a encore demandé le directeur sans décrocher son regard de la télévision.

Moi, je ne savais pas quoi répondre. À la limite, je m'en foutais complètement. Parce que moi aussi, je regardais la télévision. Et ce que je voyais dedans, je ne pouvais pas le croire.

Le commentateur parlait d'un hold-up sanglant dans la banque principale de Chambéry. Il disait que les malfaiteurs avaient pris la fuite avec une grosse somme en liquide, mais que l'un des deux hommes masqués avait été blessé. Il disait que l'on ne connaissait pas encore leurs identités. Il disait qu'il n'y avait pas d'indice, sinon le film tourné par la caméra de sécurité. Et le film en question était projeté sous mes yeux. On distinguait bien les deux types. Celui que l'on voyait le mieux, un gros revolver à la main, je l'ai reconnu tout de suite. Même s'il portait une cagoule, même si le film était en noir et blanc, haché de neige, j'ai reconnu sa silhouette entre mille parce que je la connaissais par cœur. Le braqueur de banque, c'était mon père.

– Vous m'écoutez, Édouard ?

– Pas tellement, ai-je répondu.

Le directeur a failli s'étrangler de rage, et du coup, son chat a feulé à mon attention. Un sale chat aux sales petits yeux.

Le commentateur expliquait que, depuis le matin, le plan Épervier avait été déployé : barrages des routes, rondes d'hélicoptères, et toute la grosse panoplie de gendarmerie. On cherchait une Alfa-Roméo grise, modèle sport, qui avait été volée la veille, en banlieue parisienne.

J'étais trop occupé à penser que mon père n'était pas capable d'une chose pareille, pour m'apercevoir que le directeur était debout devant moi. Il me crachait au visage que j'allais voir ce que j'allais voir, moi je vous le dis mon petit, cela ne va pas se passer comme ça, faites-moi confiance !

La suite s'est déroulée assez vite. J'ai voulu me débattre, un geste naturel de recul, et sans que je le veuille, ma main a heurté le visage du directeur.

– C'est pas vrai ! a beuglé ce dernier vers le pion. Non mais vous avez vu ? Faites quelque chose ! Ce petit a la rage !

Le pion s'est précipité sur moi, tu vas voir ce que tu vas prendre, et il m'a balancé une cinglante taloche au travers de la face. Maxence s'est interposé. J'avais du mal à réaliser qu'il puisse prendre ma défense, mais il a sauté sur le dos du pion en hurlant :

– Laissez-le ! Ce n'est pas juste ! Foutez-lui la paix !

Maxence s'est retrouvé par terre, et moi, j'étais complètement sonné.

– C'en est trop ! rugissait le directeur, mais qu'est-ce que c'est que ces petits voyous ?!

Je fixais l'écran de télévision où à présent, le commentateur parlait football d'une voix passionnée. Maxence tâchait de se remettre sur pieds, et le directeur soliloquait :

– Très bien ! Puisque c'est ça, vous l'aurez voulu !

J'ai pensé à la mer, à l'oiseau blanc taché de sang, et pour m'empêcher de pleurer, j'ai commencé à rire.

4

Nous étions debout tous les deux, au piquet dans le couloir des douches. Face à face. Le carrelage était froid, et la pension s'était endormie depuis bien longtemps.

Passer la moitié de la nuit dans le couloir des douches avec interdiction de s'asseoir ou de s'assoupir, c'était la punition préférée du directeur. Le pion était là pour veiller au grain. Une ronde toutes les demi-heures.

Maxence m'a regardé intensément. Dans la pénombre, sinon la veilleuse qui nous aspergeait, on ne pouvait pas tellement voir. J'ai deviné plus que distingué son regard, et j'étais gêné par tant d'insistance. J'ai tâché de penser à autre chose. J'ai même cru entendre une voiture freiner dans la cour.

– On devrait faire la paix, a-t-il articulé dans un souffle, on ne peut pas se faire la guerre tout le temps.

Faire la paix. La belle affaire. J'ai pensé que c'était trop facile. Les autres m'avaient vu, vaincu, soumis, fermer les yeux alors qu'il levait son poing sur moi. Un chef de bande ne baisse pas les yeux.

– Tu peux crever, j'ai rétorqué, tu peux toujours mourir.

– Comme tu voudras, a-t-il répondu en s'asseyant sur les talons, mais c'était le moment ou jamais.

Moi, j'ai feint de ne rien entendre.

– C'est toi qui choisis, a-t-il continué. Mais si tu es là, c'est ta faute. C'est parce que tu te crois plus fort que les autres. Moi, si je suis coincé ici, je ne l'ai pas mérité.

J'ai haussé les épaules et me suis dirigé vers les douches. Je suis passé près de Maxence, le frôlant presque. Je le dominais de toute ma hauteur et cela me fit plaisir.

– Un jour, a-t-il murmuré, tu finiras mal.

Dans les douches, il y avait une fenêtre. La lune était cachée par de gros nuages bleus, si bien qu'on ne distinguait pas grand-chose, à peine la cime des montagnes. Je me suis penché pour regarder la cour, et dans un bruit de mouches énervées, les néons ont illuminé le couloir. J'ai détalé à toute vitesse en m'accrochant aux rideaux de douche, et j'ai repris ma place, dos au mur.

– C'est bon, a fait Maxence sans lever la tête, pas la peine de s'énerver ! C'est le pion qui vient nous chercher. On va pouvoir se coucher.

Mais pas du tout. C'est le directeur en personne qui est arrivé. Il portait une robe de chambre à fleurs, son chat coincé dans le creux de son bras, et il était tout pâle, les cheveux ébouriffés sur la tête.

– Édouard, a-t-il articulé en avalant difficilement sa salive, mon petit, vous avez une visite.

Je ne l'ai pas reconnu tout de suite à cause de la lumière aveuglante, mais juste derrière lui, un gros revolver à la main et le dépassant d'une bonne tête, se tenait mon père, immobile.

– Papa ! ai-je articulé.

C'est tout ce que j'ai pu dire. Je l'ai regardé, bouche bée, en m'appuyant sur Maxence qui était resté accroupi.

Il était vêtu d'un blouson de cuir et d'un jean délavé, exactement comme aux *informations.* C'était la première fois que je le voyais dans un tel accoutrement. D'habitude, il ne portait que des costumes.

– Je vous signale, a fait remarquer le directeur en piétinant, que les visites...

– Vous, a coupé mon père, bouclez-la !

Il avait le regard d'un animal pris au piège.

Maxence s'est relevé d'une traite. Il a fixé le revolver, mais, c'est étrange, j'ai cru qu'il le regardait d'un œil expert, presque avec admiration. Il n'avait pas peur. À la différence du directeur qui n'en menait pas large. Ce dernier serrait son chat, presque à l'étouffer.

– Ce que vous faites, a-t-il réussi à bafouiller, porte un nom. C'est répressible. Répréhensible. Enfin... je ne sais plus !

Mon père a levé le canon de son revolver. Son bras était tendu à l'horizontale et, sur la queue de détente, son doigt tremblait. Il était capable d'appuyer d'un instant à l'autre. Il suffisait de croiser son regard affolé pour s'en persuader.

– Soyez raisonnable, a-t-il murmuré entre ses dents, évitons un malheur, faites ce que je vous dis.

– Comme vous voudrez, a aussitôt répliqué le directeur. Après tout, n'est-ce pas, c'est votre fils ! Prenez-le, et fichez-moi le camp ! Si vous voulez mon avis : bon débarras ! Surtout que vous n'avez pas payé le dernier trimestre !

– Alors on y va, a hoqueté mon père. On part tout de suite ! Et celui-là nous accompagne ! a-t-il ajouté en désignant Maxence.

– C'est impossible ! a protesté le directeur, ce garçon est sous ma responsabilité ! Je ne peux pas laisser faire !

Mon père avait les larmes aux yeux.

– J'ai besoin d'un otage. Alors je vous en supplie, ne compliquez pas les choses !

– Ah, c'est comme ça !? s'étranglait le directeur en agitant les bras, eh bien vous allez voir ! Je ne suis pas né de la dernière pluie ! Vous ne m'aurez pas si facilement...

– Alors on y va ?! s'est exclamé Maxence. C'est pour aujourd'hui ou pour demain ?

Le directeur s'est arrêté net, et mon père l'a considéré d'un air étonné.

– Tu veux venir avec nous ? lui a-t-il demandé. Tu es sûr ? Tu sais ce que cela implique ?

– Tout à fait ! a jubilé Maxence. Je n'ai aucune intention de passer la nuit dans ce couloir !

Le chat était tombé sur le sol en miaulant, et le directeur cherchait le pion du regard. Il scrutait le fond du couloir en priant pour qu'il apparaisse le plus vite possible.

Nous nous sommes rués dans les escaliers, Maxence en tête, mon père au milieu, et moi fermant la marche. Je devinais le directeur resté là-haut, et dont le regard me vrillait le dos. Une image dont je me souviendrai toujours, et qui m'a fait frissonner de tout mon être.

– Il va prévenir la police, a murmuré mon père en survolant les marches. On a intérêt de faire vite !

Nous avons traversé les couloirs en galopant. Maxence et moi portions nos chaussons, mais les mocassins de mon père claquaient contre le carrelage. C'est tout ce que nous entendions : notre souffle saccadé, et le clic ! clac ! de ses talons. Il a poussé la porte battante, nous sommes sortis dans la cour enneigée et, comme un méchant animal, le froid nous a bondi à la gorge. Quelques flocons virevoltaient dans le halo des phares d'une vieille Jeep dont le moteur tournait au ralenti. Sur le capot, une étoile blanche de l'armée américaine était encore visible, patinée par le temps.

– Je croyais que vous aviez une Alfa-Roméo, ai-je prononcé dans un gémissement.

Je sais que c'est ridicule, mais, encore une fois, c'est tout ce que j'ai pu articuler. Tout ce que j'ai pu faire d'intelligent, c'est lui parler de sa voiture.

– Montez ! a ordonné mon père sans accorder la moindre attention à ma remarque, tous les deux ! Vite !

Nous avons bondi sur la banquette arrière, parce que, devant, il y avait un autre homme au crâne chauve que je voyais pour la première fois, et qui attendait, enfoui dans la pénombre. Il était tout blanc, les yeux presque vitreux, entourés de longs cernes violacés. Son visage était creusé, mouillé de transpiration. Des deux mains, il agrippait son ventre en grognant de douleur.

– Je te présente ton oncle, a expliqué mon père en prenant le volant. C'est Tonton Émile.

Le type a émis une espèce de gargouillis pour se présenter, un drôle de sourire pas net, et mon père a fait déraper la voiture en direction du petit chemin glissant qui partait vers la route.

Maxence ne disait rien. Son regard était perdu dans le vague, étrangement ailleurs.

– Il faut qu'on change de voiture, a soufflé mon père. Le plus vite possible !

– Le directeur en a une toute neuve, ai-je fait remarquer. Une grosse américaine. Ça lui ferait les pieds si on partait avec ! Sa voiture, c'est tout ce qui l'intéresse !

– T'es gentil, a-t-il répondu, mais il faut une voiture dont le propriétaire ne sait pas encore qu'on lui a fauchée. Sinon, il donne le signalement, et tout est à refaire. Mais t'es gentil quand même !

J'ai croisé son regard dans le rétroviseur intérieur. Il avait l'air déçu par mon attitude.

– Dans la vie, a-t-il rajouté tout en m'envoyant une œillade pleine de reproches, il faut penser un peu.

Je me suis tourné vers Maxence qui jouait à celui qui n'avait rien entendu, et je l'ai détesté encore plus.

Je me suis recroquevillé, et j'ai tourné la tête vers le paysage qui défilait, fouetté par la tempête. Au loin sur la montagne, les faisceaux lumineux des chenillettes damant les pistes de ski, brillaient comme autant de petites lucioles affolées.

La voiture chassait dans les virages, mais à chaque glissade, d'un coup de volant sûr, mon père la replaçait sur la bonne trajectoire, pied au plancher.

Nous avons rejoint la route principale en moins de trois minutes, et la neige tombait de plus belle. Tonton Émile a commencé à se plaindre. Il fixait l'horizon en grommelant que tout ça c'était pas possible, qu'il n'avait vraiment pas eu de chance dans la vie, et toutes sortes de choses à peine compréhensibles.

– Je n'aurais jamais dû t'écouter, lui a reproché mon père, regarde dans quel pétrin on est !

Tonton Émile a poussé un autre gémissement, puis il n'a plus rien dit.

– Et où va-t-on ? ai-je demandé. Où est maman ?

– Dors un peu, a coupé mon père. Fais comme le puceron !

C'est que mon père surveillait tout dans le rétroviseur. Même s'il avait l'air perdu, il n'était pas du genre à qui l'on peut raconter des blagues.

C'est vrai que Maxence s'était assoupi. Je sentais son souffle régulier contre mon épaule. Je l'ai dévisagé un long moment, et j'ai pensé qu'il ne perdait rien pour attendre.

Puis j'ai regardé s'échapper le paysage en bâillant, aucune importance, et, comme lui, j'ai fini par m'endormir.

5

Le jour s'était levé, et les montagnes semblaient nettement plus basses. En fait de pistes enneigées, il n'y avait plus que des versants décharnés, plantés de quelques maisons de béton, toutes semblables, et le bandeau d'une autoroute qui disparaissait devant nous, avalé par la vitesse.

Maxence dormait toujours, la tête posée contre mon épaule, et, malgré la couverture dont mon père nous avait couverts durant la nuit, j'étais transi par le froid.

– Réveillé ? a-t-il demandé d'une voix qui se voulait enjouée. Bien dormi ?

Je n'ai pas répondu. J'ai grogné, j'ai bougé imperceptiblement, et j'ai fait semblant de me rendormir comme si je rêvais encore. Mon père, j'allais le laisser tout seul un moment, face à ses responsabilités. Et puis de mon côté, il fallait bien que je pense un peu. « Pour une fois », aurait fait remarquer le directeur.

Il fallait que je réfléchisse parce que toute cette histoire devenait compliquée. C'est que moi aussi, j'étais chef de bande. Et un chef de bande, normalement, ça prend ses décisions tout seul.

– Comme tu voudras, a sifflé mon père qui avait deviné mon manège. C'est fou comme tu ressembles à ta mère !

Il a allumé la radio qui s'est mise à grésiller un air à la mode des *Spice Girls*, ou une autre ânerie de ce style.

– Un jour, a-t-il ajouté en changeant aussitôt de canal, il faudra que tu regardes les choses en face.

J'ai réalisé que faire des bêtises (genre confectionner des bombardiers-mouches) c'était une chose, mais braquer des banques avec Tonton Émile, relevait d'une autre catégorie. Celle des bandits de grand chemin, genre Pat Garett et Billy the kid. J'ai pensé que mon père en faisait partie, et qu'il y avait de quoi être fier. Je me suis dit que tous ces gamins qui dormaient encore tranquillement au pensionnat, la tête enfoncée dans l'oreiller, ne vivraient jamais ce genre d'aventure. J'ai pensé que, décidément, la condition de « mouton » n'avait rien d'enviable.

La Jeep s'est rangée devant la boutique de la station-service.

Le ciel était gris, pluvieux, et quelques automobilistes à l'air fatigué trépignaient devant leur véhicule en soufflant dans leur gobelet de café chaud.

Maxence s'est réveillé. Il a tiré la couverture à lui, comme si je n'existais pas.

J'ai violemment récupéré mon morceau de couverture et, d'une voix pâteuse, Tonton Émile a demandé où nous étions.

– On rentre à Paris, a répondu mon père. La police va nous chercher à la frontière alors qu'on file vers la capitale. Et l'unique moyen de te soigner, c'est de retourner là-bas. Charcot prendra soin de toi. C'est le seul docteur fiable que je connaisse. Il fermera sa bouche, et nous sommes assez riches pour le payer. Et puis cet argent, a-t-il rajouté comme pour lui-même, maintenant, je n'en ai plus besoin...

– Docteur Charcot, a déliré Tonton Émile, ça me rappelle la banquise. Les ours, tout ça...

– Dors un peu, a conseillé mon père d'une voix douce. Tout ira bien.

Il restait derrière le volant sans bouger. Dans le rétroviseur, il observait les nouvelles voitures qui se présentaient sur le parking. Une vieille deux chevaux s'est rangée près de nous, des skis empilés sur le toit, et il a regardé ailleurs en s'allumant une cigarette à la flamme d'un briquet tempête. Il attendait quelque chose, et je ne savais pas quoi.

Nous sommes restés un bon moment dans l'habitacle sans prononcer un mot, baignés par l'odeur âcre du tabac. Il n'était pas question de faire le plein d'essence, ni même de sortir pour se dégourdir les jambes. Tonton Émile avait donné ses instructions, et au timbre décidé de sa voix, il valait mieux ne pas donner son avis.

Tandis que mon père jetait nerveusement son mégot par la fenêtre, une superbe voiture est arrivée. Un coupé vert métal. Une voiture racée comme on en voit dans les magazines, touchant presque le sol, décapotable, trop jolie.

Tout de suite, mon père a pivoté sur son

siège. Il a sorti un juron, et il a pris Tonton Émile à témoin.

– Tu es sûr de toi ? Tu ne crois pas qu'on devrait tout arrêter ?

– Trop tard pour faire demi-tour, a-t-il balbutié. Fais-moi confiance, on fait comme on a dit !

Mon père s'est retourné vers nous.

– Ça, a-t-il plaisanté comme pour changer de sujet, c'est de la bagnole ou je n'y connais rien ! N'est-ce pas, les enfants ?!

– Tu l'as dit... a répondu Tonton Émile sans savoir.

La portière de la décapotable s'est ouverte. Un homme en est sorti, la tête enfouie dans les épaules pour se protéger du crachin qui tombait. Il avait près de quarante ans, et il portait une doudoune rouge et blanche de professeur de ski. Il a marché d'un pas sûr tout en appuyant sur son porte-clés. La décapotable a cligné des phares en faisant bip ! bip ! et, à grands pas décidés, l'homme est entré dans la boutique.

Aussi sec, Tonton Émile lui a emboîté le pas, attiré comme un aimant sur un morceau de fer.

– Personne ne bouge ! a-t-il ordonné en trébuchant sur le marchepied. Vous m'attendez là ! Et toi, Édouard, tu surveilles le puceron !

Il a émis un gargouillis de douleur, et il a disparu dans la boutique en boitant, plié en deux.

Maxence hochait la tête en se pinçant les lèvres. Il le regardait partir avec une étrange lueur dans le regard.

– Toi, ai-je intimé en m'appropriant encore un peu de couverture, tu n'as pas intérêt de broncher !

– Ça va ! est intervenu mon père. Édouard, tu ferais mieux de te calmer !

Maxence a encore secoué la tête d'un air ironique, puis il s'est tourné vers la vitre en fermant les yeux, totalement ailleurs.

Les quelques minutes qui se sont écoulées m'ont semblé durer une éternité.

Les gens entraient et sortaient de la boutique en nous dévisageant. Ils observaient la voiture en se glissant des confidences à l'oreille, tandis que mon père se tassait sur son siège.

Puis, alors que la pluie tombait de plus belle, Tonton Émile est apparu, les traits tendus et le regard fixe. La décapotable a de nouveau cligné des phares, et il s'est approché de nous en se tenant toujours le ventre.

– On change de charrette, a-t-il simplement articulé. Tout le monde descend gentiment, comme si tout allait bien !

Maxence s'est raidi. J'ai senti tous ses muscles se contracter, alors que ses yeux ne se détachaient pas du visage d'Émile.

Ce dernier a attrapé un gros sac de sport qu'il avait posé sur son siège, et s'est dirigé vers la décapotable. Il a jeté le sac dans le coffre sans prêter attention aux curieux qui s'intéressaient à son manège. Ensuite, il a ordonné à Maxence de sortir sans faire de mouvements brusques. Tout s'est passé très vite. En moins de temps qu'il ne faut pour le dire, tandis que mon père soutenait Tonton Émile jusqu'à son nouveau siège, nous nous installions dans le baquet de la superbe décapotable.

Sauf qu'au moment où je prenais place à l'arrière, j'ai entendu une petite voix de fille :

– Mais qu'est-ce que vous faites ?!

Mon père a fait un bond, puis s'est retourné. Entre Maxence et moi, pas plus grande qu'un petit tas roulé en boule, une gamine nous observait de ses grands yeux verts.

6

— Qu'est-ce que c'est que ça !? a demandé Tonton Émile en plongeant la main dans la poche intérieure de son manteau.

– Où est Daniel ? a-t-elle aussitôt répondu. Qu'est-ce que vous avez fait de lui ?

Tonton Émile était bien ennuyé pour répondre. Il tripotait sa poche en réfléchissant, la main certainement posée sur la crosse de son revolver.

La gamine était drôlement jolie. Un visage de poupée, des taches de rousseur sur tout le visage, et de longs cheveux rouges en bataille qui lui fouettaient les joues.

– C'est pas possible, maugréait Tonton Émile en reculant son siège. Qu'est-ce que j'ai encore fait au bon Dieu ?!

– Où est-il ? a-t-elle insisté en fronçant les sourcils.

– Écoute, a-t-il répondu dans un souffle agacé. Il va bien. Je l'ai juste assommé. On le retrouvera dans quelques heures. Tout ce qu'il a, c'est une grosse bosse sur la tête !

Puis, il s'est adressé à mon père qui tenait le volant.

– Pas vrai Marcel ?

Marcel. Cela m'a fait tout drôle d'entendre le prénom de mon père. J'ai trouvé que Marcel, ça ne collait pas tellement pour un nom de gangster.

La fille s'est étirée dans la banquette en cuir. Je sentais ses jambes contre les miennes. Je respirais son parfum sucré qui me chatouillait les narines.

– Dommage qu'il se réveille, a-t-elle murmuré. Daniel est une vraie peau de vache !

Maxence a souri, puis l'a dévisagée avec attention. Je n'ai pas aimé ce regard.

– Bon, a fait mon père en se passant nerveusement la main dans les cheveux, on ne va pas pouvoir te garder.

– Je reste, a répondu la fille en croisant les bras d'un air buté. Je reste avec vous !

Un éclair est passé dans les yeux de Tonton Émile.

– Comment tu t'appelles ? a-t-il demandé d'une voix blanche.

– Noisette !

– Eh bien, Noisette, je te laisse trois secondes pour descendre ! Pas une de plus !

Mon père semblait hésiter.

– On la lâchera plus loin, a-t-il proposé, ça serait plus prudent.

– Exactement ! s'est écriée Noisette. Et si vous me laissez là, je hurle !

Tonton Émile s'est renfrogné un instant, il a failli ouvrir la bouche pour discuter et, dans le rétroviseur, il a vu les deux motards de police qui se présentaient devant les pompes à essence.

Les motards ont ralenti comme pour faire le plein, mais, quand ils ont repéré la Jeep garée à côté de nous, ils ont aussitôt foncé sur elle.

Mon père a juste eu le temps de passer la marche arrière. Tonton Émile s'était tordu en deux, les yeux presque au niveau du tableau de bord.

– La vache ! il murmurait en s'accrochant, on avait bien besoin de ceux-là !

Tandis que notre décapotable passait à côté d'eux, les frôlant presque, les policiers posaient les motos sur leur béquille d'un air excité. Le premier a tâté le capot encore chaud de la Jeep, l'autre a envoyé quelques mots dans son système radio, et la main accrochée à son baudrier, il s'est dirigé vers la boutique en courant.

– Bon, a soufflé mon père en obliquant vers la bretelle d'autoroute, on reparlera de tout cela plus tard. Pour l'instant, et puisque tout le monde est d'accord, on dégage en vitesse !

7

Nous avons roulé en silence durant quelques instants, à part Tonton Émile qui soliloquait, s'étouffant dans d'étranges éclats de rire solitaires.

Mon père serrait si fort le volant que ses phalanges blanchissaient. Il fonçait sur la file de gauche en poussant les automobilistes qui rechignaient à se ranger devant lui.

Et moi, bien installé, j'observais Noisette qui semblait s'amuser, comme dans une auto-tamponneuse. Elle était vraiment mignonne. Rien à voir avec les pimbêches du pensionnat.

Enroulé dans sa couverture, Maxence était tout à fait réveillé. Il fixait toujours la nuque d'Émile. Intensément.

La voiture ronflait comme un avion de chasse. À chaque changement de vitesse, elle bondissait comme un fauve, puissante et racée.

– Et qui c'était, ce Daniel ? a demandé mon père en élevant difficilement la voix par-dessus le moteur.

– Mon beau-père, a expliqué Noisette en observant le bout de ses ongles. Un frimeur. Il porte un blouson de professeur de ski depuis deux semaines, alors qu'il n'est même pas du niveau troisième étoile !

– On dirait qu'il ne va pas trop te manquer, a fait remarquer Maxence à voix basse.

Mon père a soudainement ralenti car un panneau signalait le prochain péage.

– C'est un tordu, a répondu Noisette. Je suis bien contente d'être avec vous. Avec vous, au moins, on s'amuse...

– Maintenant, vous la fermez ! a commandé Tonton Émile en empoignant son arme.

Nous nous sommes immobilisés dans la file de véhicules qui stationnaient devant le péage.

À chaque guérite, se tenaient des gendarmes qui surveillaient le passage. Ils contrôlaient les conducteurs avec précaution. Ils vérifiaient les papiers, fouillaient les coffres, ne semblant rien laisser au hasard. Une bonne dizaine de voitures tournaient au ralenti devant nous, et dans les files qui nous entouraient, les gens montraient toujours notre bolide du doigt.

– Et alors ?! rugissait Tonton Émile, vous voulez prendre des photos ?

Je tournais la tête vers Noisette. Elle souriait aux jaloux qui désignaient la voiture.

– À part moi, personne ne dit rien ! a enjoint Tonton Émile. Vous êtes prévenus : le premier qui bouge me rendra des comptes !

Noisette ne bronchait pas. Elle gardait ce petit sourire inconscient tandis que Maxence se lovait contre elle à la manière d'un veau devant sa mère. Je trouvais ça dégoûtant. Tellement, que j'en étais jaloux. Il aurait mérité que je lui arrache sa couverture, et qu'elle voie ses côtes saillir de sous son pyjama. J'aurais bien aimé. Seulement, Maxence avait un regard décidé. Un regard qui faisait peur.

– Si vous voulez, a dit Noisette qui semblait lire mes pensées, dans le coffre, j'ai tout un tas de vêtements propres. Vous pouvez les prendre !

– Tais-toi, a vociféré Tonton Émile. Tu la fermes ou ça va mal finir !

Il n'y avait plus que deux voitures devant nous. Je surveillais Maxence du coin de l'œil.

Je me préparais à bondir au cas où il ait eu l'idée d'appeler au secours. Pour sortir, il pouvait toujours se brosser parce que les deux portes étaient à l'avant, mais je redoutais qu'il fasse des signes aux gendarmes.

La dernière voiture était une Espace bourrée de marmaille que l'on voyait gesticuler derrière la lunette arrière. Les gendarmes se sont penchés aux vitres, ont vérifié les papiers du conducteur et, soudainement, ils se sont mis à courir dans tous les sens. C'était comme si rien n'avait plus d'importance. Ils se sont précipités vers leurs estafettes en s'interpellant. Les gyrophares ont tournoyé, les motards ont enfourché leurs engins, et comme un seul homme, ils sont partis, sirènes hurlantes, dans la direction opposée.

– Ils ont trouvé le beau-père, a jubilé Tonton Émile. Ils foncent vers la station-service !

Mon père s'est essuyé le front.

– Émile, a-t-il bafouillé, cette fois-ci, je crois qu'on est allés trop loin...

– Tu m'étonnes ! a chantonné ce dernier. Et encore, on n'est pas arrivés !

L'Espace a disparu devant nous, mon père a extrait un billet du sac de sport, et l'a tendu à la dame qui patientait dans sa guérite. Elle nous a rendu quelques pièces sans même nous jeter un œil, le feu vert s'est allumé et, tandis que quelques gendarmes se ruaient encore dans leurs véhicules, la barrière s'est ouverte.

– Allez hop ! a gloussé Tonton Émile alors que mon père accélérait, à nous la liberté !

Un étrange malaise régnait dans la voiture qui prenait de la vitesse.

– Ne refaites plus jamais ça, a grondé Émile en rompant le silence. Quand je vous ordonne de vous taire, vous vous taisez ! Ici, ne l'oubliez pas, c'est moi qui commande !

Mon père n'a rien dit. Personne n'a rien dit. Chacun observait les arbres défiler en fermant sa bouche.

À part Maxence qui sifflotait en fixant la crâne dégarni d'Émile.

– Il faut sortir de l'autoroute, a ordonné ce dernier. Ils vont trouver les papiers du beau-père, et sa voiture sera aussitôt recherchée. Au prochain péage, on est bons !

– Tu as besoin d'un médecin, a contesté mon père. On rentre à Paris le plus vite possible.

– Il y a bien une solution, confia Noisette. Si on prend la prochaine sortie...

– Dis donc, a vociféré Émile, toi, on ne t'a pas causé !

Noisette s'est renfrognée. Elle a soufflé vers moi, une haleine parfumée de fruit exotique, puis elle n'a plus rien voulu dire.

– Laisse parler la petite, a conseillé mon père en lui posant la main sur le bras, on ne sait jamais !

– Ah oui ?! Alors je t'écoute, puisque tu es si maline !

– Mon beau-père a une maison, a expliqué Noisette. Vous prenez la prochaine sortie, encore quelques kilomètres en rase campagne, et la maison est à nous. Les clés sont dans la boîte à gants.

Mon père n'a pas répondu. Il a grogné en surveillant sa montre bracelet, tout en tenant le pouls de Tonton Émile.

– À votre place, a dit Maxence, je l'écouterais. Cela m'étonnerait qu'on passe le prochain péage. Une maison pour nous, ça serait bien !

Mon père a jeté un œil dans le rétroviseur. Ce n'est pas moi, mais Maxence qu'il cherchait à apercevoir.

– Fiston, a-t-il lâché en écrasant son mégot dans le cendrier, tu as peut-être raison.

Fiston ! C'est ainsi qu'il appelait Maxence. J'étais furieux.

– Et toi Édouard, qu'est-ce que tu en penses ?

– Oh ! Moi ! ai-je répondu, pas grand-chose...

– Ça ne m'étonne pas ! a dit mon père... Comme d'habitude !

À cet instant, une sonnerie stridente a retenti dans l'habitacle.

– Le téléphone, a expliqué Noisette en désignant l'appareil installé près du frein à main. Il y a un haut-parleur. Pour répondre, il suffit d'appuyer sur ce bouton.

La sonnerie nous vrillait les tympans, aiguë et lancinante. Mon père a hésité, puis il a lâché le poignet de Tonton Émile pour décrocher l'appareil.

– Ici la police ! a fait une voix de femme qui résonna dans l'habitacle.

Maxence se raidit soudainement.

– Nous avons barré toutes les routes, continua la voix. Dites-nous où vous êtes, et rendez-vous ! C'est une chance que l'on vous donne ! Il n'y en aura pas deux ! Réfléchissez ! On peut toujours s'arranger...

– Rien du tout ! a hurlé Émile. Mais pour qui nous prend-elle ?!

– Comment vont les enfants ? continua la policière. Je veux leur parler ! Passez-moi Maxence !

Mon père a prestement reposé l'appareil, comme s'il lui avait brûlé les doigts, et Maxence a souri d'une drôle de manière.

– Qu'est-ce qui te fait rire ? a demandé Émile qui le surveillait. Tu trouves ça drôle ?!

– Rien, a murmuré Maxence. Rien du tout. Je pense qu'à partir de maintenant vous êtes mal embarqués. Et surtout vous ! a-t-il ajouté vers Émile.

– Ah oui ?! a vitupéré ce dernier en se tordant de douleur. Et qu'est-ce que tu en sais ?!

– Rien, a soufflé Maxence. Je disais ça comme ça.

Maxence et moi nous sommes affrontés du regard. Il a baissé les yeux avec un sourire ironique. Plus ça allait, moins je pouvais supporter ses airs entendus.

Noisette a poussé un petit rire innocent.

– Avec vous, a-t-elle fait remarquer, au moins on ne s'ennuie pas !

Elle n'avait pas l'air de se rendre compte.

– C'est ça ! a grincé mon père en quittant l'autoroute, une vraie partie de plaisir !

8

Un brouillard épais avait envahi la campagne. Quelques plaques de neige fondue et salie par la boue parsemaient les bas-côtés de la route.

Il n'y avait pas d'autres voitures à l'horizon, et nous nous enfoncions dans l'arrière-pays, à travers les villages endormis.

– Ça va Émile ? a demandé mon père en lui secouant le bras.

– Des vacances a répondu ce dernier. Il me faut des vacances aux sports d'hiver !

– Ce ne sera pas pour tout de suite, a bredouillé Maxence.

Je crois que j'étais le seul à l'avoir entendu.

Nous nous sommes engouffrés dans une longue ligne droite bordée de cyprès, puis une suite de feux rouges nous ont obligés à ralentir jusqu'à une agglomération.

– Je t'avais dit de passer par les routes isolées ! a craché Émile vers Noisette. Avec une voiture pareille, on ne peut pas dire qu'on passe inaperçu !

– Et vous, a-t-elle répondu, on ne peut pas dire que vous êtes agréable !

– Qu'est-ce que tu chantes ?! a toussé Émile. Comment tu me parles ?!

– On se calme ! a pondéré mon père. Tout va bien !

– Désolée, s'est défendue Noisette, je ne connais pas d'autre chemin. Après le château, vous tournez à gauche. Encore quelques kilomètres, et nous sommes arrivés.

– Ça, ma petite, a grondé Émile, il vaudrait mieux pour toi !

Nous négociâmes un long virage noyé dans la brume, puis apparut une somptueuse bâtisse protégée par de hauts remparts en pierre.

– C'est la maison de la comtesse, expliqua Noisette pour détendre l'atmosphère. C'est la voisine la plus proche. Elle a une piscine et des chevaux.

– Chouette ! a rêvassé Tonton Émile, des canassons !

Nous avons emprunté un chemin bardé de bosses, et comme les suspensions n'étaient pas le côté fort de notre voiture de sport, nous nous sommes tapé les fesses contre la banquette. Ensuite, nous avons obliqué vers la droite dans un chemin plus étroit encore, des vaches de chaque côté, et nous avons débouché dans une cour de graviers.

– C'est ici, a signalé Noisette. Nous sommes arrivés.

La brume était tombée si près du sol que nous avions du mal à distinguer les murs qui nous faisaient face.

– Vous, restez là ! a ordonné mon père, moi je vais voir.

Il s'est emparé des clés, et il s'est éloigné, seul dans le rideau de brouillard.

Émile jouait avec son arme. Il semblait proche du délire.

– Il est chouette votre revolver, a fait remarquer Maxence. Une sacrée belle pièce !

Tonton Émile s'est illuminé :

– Smith et Wesson ! Un vrai canon de poche !

Il l'a fait tourner, et me l'a posé dans la main.

– Tiens, Édouard ! Regarde un peu l'engin !

Dans ma main. Le revolver qui pesait des tonnes. Et les deux autres qui me toisaient sans bouger.

Il y eut un long silence durant lequel personne n'osait prendre la parole.

– Tu ne pourrais pas tirer, m'a soudainement fait remarquer Maxence.

– Ah oui ? Et qu'est-ce que tu en sais ?

– Cette histoire va mal finir. Toi qui es si malin, tu devrais t'en douter. Et puis tu n'aurais pas le courage.

Noisette me fixait si intensément que je me suis senti rougir.

Ça, Maxence n'aurait pas dû le dire. Surtout devant elle. Me traiter de lâche, ce n'était pas tellement la chose à faire. J'ai levé le canon dans sa direction.

– Tu veux parier ?

– Quand tu veux, a-t-il murmuré. Tu ne connais rien aux armes. Regarde ! Tu n'as même pas enlevé le cran de sécurité !

Je pensais qu'il bluffait.

– Et toi ?! Qu'est-ce que tu y connais ?

– Beaucoup plus que tu crois ! Si je suis ici, c'est uniquement parce que je l'ai voulu. J'aurais pu m'échapper cent fois !

– Ça suffit ! est intervenue Noisette qui me voyait trembler. Ce n'est pas un jeu ! Maintenant vous ne me faites plus rire !

– Vous allez vous calmer ! a maugréé une voix qui venait du siège avant. Maintenant, les gosses, vous baissez d'un ton !

Tonton Émile avait retrouvé ses esprits. Il tentait de se relever en gesticulant.

– Vous allez vous calmer, c'est moi qui vous le dis ! bafouillait-il en se raccrochant au volant. Rendez-moi mon flingue !

Je ne lâchai pas le revolver. J'attendais qu'à son tour, Noisette baisse les yeux. Je voulais qu'elle sache de quoi j'étais capable.

Elle a secoué la tête d'un air méprisant, et mon père est revenu. Il est sorti du brouillard et il a ouvert la portière d'un geste sec.

– C'est bon, a-t-il proclamé, la voie est libre.

Il a fait basculer le siège conducteur, et je suis sorti le premier, l'arme au poing.

– Mais qu'est-ce que tu fais avec ça ?! a hurlé mon père. Édouard ! Tu m'entends ? Donne-le-moi immédiatement !

Je ne sais pas combien de temps je suis resté comme ça, la main crispée sur la crosse de l'arme. Mon père a dû me secouer les épaules pour que je revienne enfin sur terre.

– Va aider Émile à sortir ! a-t-il commandé en me subtilisant le revolver. Allez ! Dépêche, je ne veux pas qu'il prenne froid !

J'ai fait le tour de la voiture en trébuchant d'un pas gauche. Une odeur d'herbe mouillée s'échappait du sol, et l'on entendait les sabots des vaches heurter la terre humide. Une drôle d'ambiance tout droit sortie d'un mauvais rêve.

Tonton Émile n'était pas beau à voir. Blanc comme un linge, les yeux presque sortis des orbites, il se cramponnait à la poignée de porte en râlant, puis retombait sur son siège, incapable de se dégager.

Je l'ai sorti comme j'ai pu en le soutenant par les aisselles, alors qu'il me hurlait dans l'oreille qu'il était assez grand pour se débrouiller tout seul, nom d'un fusil à pompe !

Il était lourd à porter et j'étais frigorifié. Cahin-caha, nous avons atteint la maison sans échanger un mot, alors que les vaches se collaient à la barrière pour nous regarder passer en mâchonnant.

La maison était vaste, percée de portes-fenêtres donnant sur le jardin. Il y avait un billard, et des faisans empaillés accrochés aux murs. Une chouette maison de campagne. Avec de chouettes rideaux. Je ne sais pas pourquoi, mais j'ai bien aimé les rideaux.

Mon père a fait asseoir les enfants sur un canapé, et il a installé Tonton Émile sur un fauteuil. Il lui a rendu son revolver en lui expliquant qu'il ne fallait pas s'en faire.

Tonton Émile disait qu'il était content d'être en vacances, mais qu'il avait oublié d'apporter ses chaussures de ski.

– C'est pas grave, lui a répondu mon père en lui passant la main sur le front, on en louera demain.

Noisette collait Maxence en papillonnant des cils, et moi je restais debout, incapable de choisir une place.

– Ne reste pas là ! a crié Émile en agitant son revolver. Tu n'as qu'à faire un feu ! Rends-toi utile, à la fin !

Je me suis emparé d'une bûche ainsi que d'un tas de petit bois et, avec la boîte d'allumettes posée sur le linteau de la cheminée, j'ai fait ce qu'il m'avait demandé. Accroupi devant l'âtre, je sentais les deux autres m'observer, bien tranquilles sur le canapé. Je me haïssais. J'aurais voulu me joindre à eux. M'enfoncer dans le canapé, et regarder faire. Me réchauffer et ne penser à rien.

Moi qui étais chef de bande, j'ai exécuté

les ordres comme un gentil toutou, sous les yeux moqueurs de Noisette et Maxence.

Mon père était parti dans la cuisine. Il avait laissé la porte ouverte, et je l'ai vu fouiller dans le réfrigérateur.

– Il faudra penser aux forfaits, a soudainement bégayé Tonton Émile en se frappant le front. Pour les pistes. Le pire, c'est que j'ai oublié les photos d'identité !

– T'en fais pas, a crié mon père de la cuisine. On va arranger ça ! Maintenant, essaie de dormir un peu !

– Tant pis... a balbutié Tonton Émile. Sinon, on fera du canasson...

Mon père a fermé la porte du réfrigérateur et il est revenu en traînant des pieds, l'air malheureux et inquiet.

– Ça va aller, il balbutiait en secouant Tonton Émile, tout va rentrer dans l'ordre. Comment tu te sens ?

– Je sens que je ne vais pas être à la hauteur, a répondu ce dernier. Voilà quatre ans que je ne suis pas monté sur un télésiège...

9

Mon père a décroché le téléphone qui était posé sur la table basse, et il a composé un numéro qu'il connaissait par cœur.

Il a attendu quelques secondes en nous couvant de son regard noir, puis il a parlé très vite dans le combiné :

– Allô, Charcot ? C'est moi ! Il faut que tu viennes tout de suite, un de mes amis est au plus mal ! Oui, je sais ! À cent kilomètres de Paris. L'autoroute du sud, Bellegarde, et à gauche après le château. C'est ça ! Quoi ? Fais-le pour moi ! Au nom de notre vieille amitié ! C'est ça ! Merci ! Je t'attends !

Il a reposé le combiné d'un geste mou, et il a considéré Maxence et Noisette un long moment.

– Bon, les enfants, il va falloir que je vous enferme. Ce n'est pas que cela me fasse plaisir, mais je n'ai pas le choix.

Ils se sont levés docilement, et mon père les a escortés le long d'un couloir, jusqu'à la porte de ce qui semblait être une chambre à coucher. Il les a fait entrer, puis il a verrouillé la serrure. Ensuite, il m'a demandé de le suivre. Nous sommes sortis dans le petit matin. Il y avait un autre corps de maison de l'autre côté du jardin. Un bâtiment au toit de chaume dont mon père a forcé l'entrée d'un grand coup de pied. C'était une sorte de grange remplie d'outils et d'ustensiles de jardinage. Il y avait même un petit tracteur flambant neuf. Toujours en silence, il a ramassé deux longues barres de fer et les a portées jusqu'à la maison.

En chemin, je n'ai pas traîné car j'étais transi par le vent glacé. J'ai pensé à Noisette et Maxence, tous les deux dans la chambre, en tête à tête, et cela m'a percé le cœur d'un grand vide.

– Il faut que je te parle, a dit mon père sur un ton de confidence. Tout ce qui se passe, eh bien... ce n'est pas ce que tu crois.

Je lui ai posé la main sur l'avant-bras.

– T'en fais pas, lui ai-je répondu, c'est très bien comme ça.

– Alors, tu ne comprends rien ?! s'est-il énervé. Émile n'a jamais été ton oncle ! C'est quelqu'un que j'ai engagé pour m'aider !

Pour m'aider à trouver de l'argent ! C'est un mercenaire ! Il m'a poussé dans cette aventure ! Tu comprends ? J'avais besoin d'argent ! Tu ne peux pas savoir à quel point !

Il s'est délesté de son fardeau et, méthodiquement, il a bloqué les volets de la chambre avec les barres de fer qu'il a plantées dans le sol.

J'étais sans voix. Totalement sonné.

– Et l'argent ? Pourquoi as-tu besoin d'argent ?

– Ça, a-t-il répondu, tu ne me croirais pas. Allez, on rentre !

Je me suis enfoncé dans le canapé, face au feu qui crépitait, et mon père a fouillé la maison dans son intégralité. Je l'entendais ouvrir les armoires et les commodes. Il est revenu, chargé de vêtements à ma taille. Un jean, une paire de baskets, et un pull irlandais. Il s'est décapsulé une bière avec les dents et, tandis que j'enfilais mes frusques, il s'est assis près de tonton Émile qui avait fermé les yeux, le visage couvert de transpiration.

– Ça ira, lui a susurré mon père en lui prenant la main, Charcot ne va plus tarder. Émile ! Tu m'entends ?

Tonton Émile n'a pas répondu. D'ailleurs, il n'avait rien entendu. Tonton Émile était tombé dans les pommes.

Mon père tournait en rond comme un fauve en cage, et je n'osais plus bouger, plus penser, plus rien dire.

– Ça va ? m'a-t-il demandé.

Vraiment, je ne savais plus.

– Super ! j'ai tout de même articulé. Et maintenant, qu'est-ce qu'on va faire ?

Mon père s'agitait autour du bar. Il s'est emparé d'une bouteille de whisky, puis il est revenu vers moi.

– Dès que Charcot arrive, a-t-il répondu, on rentre à Paris. On laisse les enfants ici, et on file !

– Moi aussi ? ai-je demandé.

Il m'a dévisagé comme s'il me voyait pour la première fois. Comme si j'avais été caché ici depuis le début, et qu'il s'apercevait seulement de ma présence, devant faire face à un nouvel intrus, un ennemi.

– Et qu'est-ce que tu veux faire ? m'a-t-il demandé.

Il était pâle, et sa lèvre tremblait.

– Rien, ai-je répondu en me calant le menton entre les genoux. On fera comme tu voudras...

10

J'ai réussi à dormir un peu, roulé en boule sur le canapé. À mon réveil, mon père avait quitté la pièce, et Émile ronflait comme un sonneur.

Je suis allé fureter dans la cuisine, puis comme je ne trouvais toujours pas mon père, je me suis rendu jusqu'à la chambre où étaient enfermés les autres. J'ai gratté à la porte et j'ai murmuré :

– Eho ! Répondez-moi ! C'est Édouard !

Je me demandais ce qu'ils trafiquaient à l'intérieur. Silence complet, puis un grincement suivi de quelques pas.

– Qu'est-ce que tu veux ? a fait la voix de Maxence. Tu crois que tu nous a pas assez fait de mal comme ça ?

– Je suis venu m'excuser. Je crois qu'Émile est complètement fou. Je ne veux pas finir en prison.

– Il serait temps d'y penser, a sifflé Noisette qui s'était approchée de la porte.

– Et on ne dit pas : s'excuser, a ricané Maxence. Quand on parle français, on dit : demander des excuses.

– Ça va, a murmuré Noisette, laisse-le tranquille. Maintenant, Édouard, ouvre la porte !

– Je ne peux pas. Mon père a gardé la clé.

Il y eut un silence embarrassé.

– Bon. Alors débrouille-toi pour sortir et dégager les volets !

– Impossible.

– Et pourquoi ?

– Émile.

– Choisis ton camp, a chuchoté Noisette. C'est le moment de te conduire comme un homme !

Horrible dilemme. Je n'avais qu'une seule alternative : jouer les héros contre Émile, gagner l'admiration de Noisette, peut-être plus, obtenir le pardon de Maxence, ou passer définitivement du côté des voyous. Complicité d'attaque à main armée, d'enlèvement, de séquestration, coups et blessures, effraction de domicile, vol de véhicule... la liste était longue. Et la décision m'appartenait.

– Écoute-moi bien, a chuchoté Maxence. Pourquoi crois-tu que je suis en pension avec toi ?

– Qu'est-ce que tu veux que ça me fasse ? ai-je répondu. Pourquoi tu me parles de ça ?

– Je suis en pension parce que je n'ai plus de père, a continué Maxence d'une voix égale. Et ma mère travaille à Chambéry.

– Et alors ?

– Alors, ma mère est dans la police. La voix que tu as entendue dans la voiture, c'était la sienne. Tu comprends ?

– Et tu n'as rien dit ! Depuis le début...

– Depuis le début. C'est pour cela que j'ai accepté de venir avec vous. Et en plus...

– Et en plus, quoi ?

C'est à cet instant qu'a surgi Émile. C'est étrange, mais je l'avais senti venir, une seconde avant qu'il n'arrive. Le déplacement d'air, peut-être son odeur, mais en tout cas, c'était trop tard.

– Tiens, tiens, a-t-il sifflé, regarde qui est là ?! Tes petits amis te manquent ? Tu veux peut-être les rejoindre ?

J'ai pensé que s'il fallait les aider, peu importait la suite, j'étais mieux à l'extérieur, avec les mains libres.

– Je vérifiais si tout allait bien, ai-je répondu d'une voix sûre. Je les trouvais bien trop calmes pour être honnêtes.

Émile m'a lancé un drôle de regard. Il s'est envoyé une rasade de whisky à même le goulot de la bouteille, puis il m'a posé sa grosse patte sur la tête.

– C'est bien, il a fait, t'es un bon fils !

Nous sommes revenus au salon. Émile s'est affalé dans son fauteuil, et j'ai allumé la télé qui trônait près d'un arbre de Noël, le long de la cheminée. J'ai zappé sans regarder l'écran. Et puis j'ai entendu mon nom. J'ai même vu ma photo. Puis celles de Maxence et Noisette.

« Flash spécial » disait le commentateur. *« Les dangereux gangsters ont un nouvel otage : Noisette Delcourt, treize ans, enlevée à son beau-père dans une station-service de l'autoroute du sud. »* Il y avait des images. Les policiers et les ambulanciers galopaient sans discontinuer,

entourés de journalistes et autres curieux. «*Le beau-père, Daniel Gerber, est dans un profond coma. Il semblerait que les ravisseurs aient pris la fuite au volant de son coupé BMW dont ils auraient subtilisé les clés. Des barrages ont été établis sur tout le périmètre. Les gendarmes du GIGN sont sur le pied d'alerte. L'un des deux hommes est bien connu des services de police...*» Portrait de Tonton Émile. Plein cadre. Une tête de repris de justice. «*En effet, Émile Humbert, cerveau présumé de l'expédition sanglante, est déjà soupçonné d'homicide sur la personne d'un policier en service. On se souvient du drame de l'année dernière...*»

Le cendrier a fracassé l'écran. La télé a explosé dans une fontaine de verre et de courts-circuits.

– Conneries ! hurlait Émile en piétinant de rage. N'importe quoi ! Ils n'ont jamais rien prouvé ! Je te jure qu'ils vont payer ça !

« Ils ». Je n'avais aucune idée de qui il

s'agissait. Émile parlait sans doute du monde entier.

– Le beau-père, ai-je murmuré, vous l'avez à moitié tué !

Émile a posé la bouteille de whisky sur le sol. Il s'est essuyé la bouche et a frappé l'accoudoir.

– Et alors ? a-t-il couiné. Je suis un professionnel ! S'il avait pu parler, les flics seraient déjà ici ! Il fallait que je l'élimine !

Il a repris la bouteille, puis s'est envoyé une nouvelle rasade en fermant les yeux.

– J'en ai assez de travailler avec des amateurs ! a-t-il continué. Ton père n'a pas les épaules ! C'est un sentimental ! Tu sais pourquoi il avait besoin d'argent ? Tu veux que je te dise ? C'était pour payer ta pension ! La bonne blague ! Pour payer la pension de son fiston adoré !

Abasourdi, je le regardais s'énerver. Ses yeux lançaient des éclairs.

Il m'a tendu la bouteille.

– Une petite goutte pour te réchauffer ?

J'ai tant bu qu'Émile a dû m'arracher le whisky des mains.

– Si ça continue, a-t-il sifflé entre ses dents, je vais me tirer tout seul avec le fric !

– Qu'est-ce que tu dis ?

Mon père était appuyé sur la table de billard. Il avait posé son revolver sur le tapis vert, bien en évidence, et immobile, il fixait Émile. Je ne savais pas depuis combien de temps il assistait à la scène.

– Tu peux répéter ? a-t-il demandé. Je ne suis pas sûr d'avoir bien entendu.

– Exactement ! Tu n'es pas à la hauteur ! Tes histoires de famille me fatiguent ! Si je n'étais pas blessé...

Mon père a fouillé sa poche, et en a extrait la clé de la chambre. Il a posé la clé sur le tapis, et l'a fait glisser jusqu'à moi.

– Édouard, a-t-il commandé, va libérer les enfants. La plaisanterie est finie !

– C'est ce qu'on va voir ! a rugi Émile.

– C'est tout vu ! a répondu mon père.

Émile a sorti son revolver. Mon père a tendu la main vers le sien. J'ai esquissé un pas en arrière.

Et le téléphone a sonné.

11

Trois sonneries, puis quatre, interminables. Une éternité durant laquelle les deux adultes se mesurèrent en silence.

Émile avait été le plus rapide. Il pointait son arme vers mon père qui n'avait pas eu le temps d'attraper la sienne.

– Jette-moi ce revolver ! a-t-il ordonné d'un air buté. Allez, Marcel, fais ce que je te dis !

Toujours la sonnerie, insistante, régulière, insupportable.

Mon père a jeté son arme aux pieds d'Émile qui ne s'est même pas donné la peine de la ramasser.

– Tu vas trop loin, a-t-il articulé. Regarde dans quel état tu es...

Émile a ricané. Il a déclaré qu'il n'avait plus rien à perdre et, enfin, il s'est intéressé au téléphone.

– Va répondre ! a-t-il hurlé à mon intention. Alors ?! Qu'est-ce que t'attends ?!

Mon père m'a fait signe de la tête, et, comme un somnambule, je me suis dirigé vers l'appareil.

– Allô ?

– Édouard, a demandé la mère de Maxence, est-ce que tu vas bien ?

– Ça peut aller, ai-je répondu.

– Et les autres, comment vont les autres enfants ?

Émile me fusillait du regard. Il levait le menton d'un geste interrogateur.

– Je ne peux pas tellement vous parler, ai-je expliqué.

– Bon, écoute-moi attentivement. Si les autres sont sains et saufs, gratte-toi la tête avec la main droite.

Je me suis exécuté.

– Très bien. C'est parfait. Où est l'autre homme ? On ne le voit pas d'ici. S'il est dans une autre pièce, tu...

– Ça suffit ! a hurlé Émile. Apporte-moi le téléphone !

Je lui ai donné l'appareil, et j'ai repris ma place, près du billard.

Émile s'est empêtré dans le fil du téléphone, puis s'est relevé en se tenant le ventre.

– Quoi ?! bafouillait-il en s'approchant de la fenêtre, comment ?!

Dehors, des hommes couraient de toutes parts. Une véritable armée de policiers en tenue d'intervention. Courbés en deux, harnachés de cagoules et de gilets pare-balles, ils encerclaient méthodiquement la maison, tout en restant à l'écart.

– Je veux une voiture et le plein d'essence ! s'est étranglé Émile en tirant prestement les rideaux. Nous avons des otages ! Vous avez compris ?! Je vous donne un quart d'heure ! Non ! Pas question ! Quoi ? Un signe de bonne volonté ?!

Il a protégé le combiné de la main qui tenait le revolver, et il m'a demandé :

– Est-ce que tu veux sortir ? Si tu veux t'en aller, tu peux. Tu es libre.

Je savais que mon père n'avait aucune chance de s'en tirer. Face à l'armada postée dehors, il était perdu d'avance. J'ai pensé que s'ils me prenaient pour un lâche, ils allaient tous être déçus. Et Maxence le premier. J'ai dit que je préférais rester à l'intérieur. Parce que j'avais mon plan.

– Eh non ! a ricané Émile dans le téléphone. Pas de chance, mais le petit veut rester avec nous !

– Vous n'avez qu'à libérer Noisette ! ai-je coupé.

Émile a réfléchi un instant. Mon père n'avait pas bougé de sa place. Ses mains serraient le bord du billard à s'en faire craquer les articulations.

– Très bien, a sifflé Émile en écrasant le combiné sur son socle, bonne idée. Édouard, tu vas chercher la môme !

J'ai remonté le couloir au pas de course jusqu'à la chambre. Il m'a fallu un bon moment pour ouvrir la serrure.

– C'est bon, ai-je bafouillé, la police est ici ! Émile est d'accord pour laisser partir Noisette !

Mais personne ne m'a répondu. J'ai ouvert la porte, et je me suis précipité dans la pièce. Qui était vide. Les volets étaient toujours solidement bloqués de l'extérieur, il n'y avait pas d'autre sortie, mais la chambre était vide !

– Maxence ! ai-je chuchoté en ouvrant les placards, arrête tes blagues ! C'est moi ! Où êtes-vous ?

Mais rien. Que le silence.

– Alors, ca vient ?! a beuglé Émile.

J'étais paniqué. Et, au moment où j'allais faire demi-tour, quelque chose a grincé sur ma gauche. Tout un pan de mur a pivoté, et la main de Maxence m'a attrapé l'épaule. Il me fit signe de me taire, et m'a tiré à l'intérieur de ce qui semblait être un autre couloir.

– Un passage, m'a-t-il expliqué à voix basse. Il y en a souvent dans les vieilles baraques, Noisette en connaissait l'existence.

– Depuis le début ? ai-je encore murmuré.

– Eh oui ! Et encore, tu n'es pas au bout de tes surprises ! Allez, viens par ici !

Il a refermé le pan de mur, et nous nous sommes retrouvés dans l'obscurité. Sinon, tout au bout du passage, une lueur infime. Nous avons progressé en nous appuyant contre les pierres, jusqu'à une pièce confinée où attendait Noisette, accroupie.

– Tiens ! a-t-elle ironisé à voix basse, voilà notre héros national ! Assieds-toi et regarde.

J'ai pris sa place sans relever la remarque, devant un trou de serrure.

Nous étions dans une pièce, juste derrière le salon. Par la serrure, je voyais la nuque d'Émile qui vociférait :

– Édouard ! Qu'est-ce que tu fais ? Ça vient ?!

– Tu vas retourner là-bas, a chuchoté Maxence. Tu vas lui dire que Noisette est malade, ou quelque chose. Débrouille-toi, mais il faut que tu l'occupes.

– Et ensuite ?

– Et ensuite, je vais tâcher de le maîtriser. Nous avons tout entendu depuis le début. Ton père est avec nous. Il nous aidera.

– Tu vas jouer les héros, n'est-ce pas ? Tu ne peux pas t'en empêcher ?

– Écoute, Édouard, tu ne sais pas tout. Cet homme...

– Mais qu'est-ce que tu trafiques ?! hurlait Émile. Édouard ! Je compte jusqu'à trois !

– Et après ? a ricané mon père. Qu'est-ce que tu fais ?

La porte qui nous séparait était si fine, que nous entendions la conversation comme si nous étions avec eux.

– Je te tire dessus ! a répondu Émile qui me croyait toujours dans la chambre. Tu as entendu, Édouard ?! Si tu ne reviens pas avec la môme, je tire sur ton père ! T'as compris ? Ton petit papa chéri qui attaque les banques pour payer ta pension !

– Fais ce qu'il te dit, a conseillé Noisette. Dépêche-toi !

– Et cet homme, ai-je demandé à Maxence. Émile. Tu le connais depuis longtemps, n'est-ce pas ?

Maxence est devenu gris.

– Retourne là-bas, a-t-il articulé. Tu ne peux pas savoir. Retourne là-bas, et surtout, laisse-le-moi !

J'ai remonté le couloir à tâtons, suis passé dans la chambre, et tout essoufflé, je suis arrivé au salon.

Émile était toujours enfoncé dans son fauteuil, et il transpirait abondamment, la main accrochée à son arme. Mon père restait de glace, cramponné au billard, prêt à bondir.

– Où est la môme ? a demandé Émile.

– Malade. Elle ne peut pas bouger.

– Tu me prends vraiment pour un imbécile ! s'est-il exclamé.

Dans son dos, je fixais la petite porte derrière laquelle étaient tapis les autres.

– Pas sûr. En fait, ils sont juste derrière vous. Ils vous observent et vous écoutent depuis le début.

Émile ne s'est pas retourné. Au contraire, il s'est étouffé de rire.

– C'est ça ! s'est-il étranglé. Bien sûr !

– Et le pire, ai-je continué, c'est que la mère de Maxence travaille dans la police. C'est pour cette raison qu'il est venu avec nous. Il veut jouer les héros. Faire comme son père.

– Ah oui ? ricanait Émile. Tu m'intéresses !

– Et son père, si j'ai bien compris, c'est vous qui l'avez tué ! Vous vous souvenez, l'année dernière ? C'est bien ce que j'ai entendu à la télé. Vous avez tué un policier. N'est-ce pas Maxence ?

La porte s'est ouverte avec violence. Maxence a bondi dans la pièce en hurlant. Il avait dans les yeux, la même flamme que la veille, dans la salle de colle, lorsqu'il s'était rué sur moi. Un regard fou, à vous glacer les os.

Je n'ai pas pu bouger. Je suis resté de marbre, comme si mon cœur s'était arrêté de battre, tétanisé, cloué par la peur.

Émile a pivoté vers Maxence, tandis que, rapide comme l'éclair, mon père se précipitait sur lui.

Et le coup de feu est parti. Une détonation énorme. Toutes les vitres ont tremblé, et aussitôt, une odeur de poudre a envahi la pièce.

Mon père gisait sur le sol. Il se tenait l'épaule. La balle l'avait projeté jusqu'aux pieds du billard. Maxence était à califourchon sur Émile qui était tombé de son fauteuil. Au fond, Noisette s'époumonait. Un vrai cauchemar. Moi, je ne pouvais toujours pas bouger. Trop peur.

Émile a rapidement pris le dessus sur Maxence. Il lui a frappé la tête avec son arme, et Maxence s'est effondré sur le dos, à moitié sonné.

J'ai vu Émile se relever. Tout doucement, comme au ralenti. Il pointait son revolver dans ma direction.

– Il ne fallait pas ! grinçait-il. Tu n'aurais pas dû !

J'ai fixé la bouche du revolver, monstrueuse, qui se levait vers moi.

– Je vous en supplie... ai-je réussi à bafouiller.

– Tu n'aurais pas dû ! a répété Émile, ivre de rage.

J'ai fermé les yeux.

Et la seconde suivante, c'est comme si la foudre était tombée sur la maison. Toutes les fenêtres se sont brisées en même temps, et j'ai été projeté sur le sol. Ou quelqu'un m'a jeté sur le sol. Tout s'est passé si vite, que je ne savais pas. Un vacarme insupportable.

Lorsque j'ai rouvert les yeux, il y avait des policiers partout. Émile était étendu sur le carrelage, les poignets menottés derrière le dos. Des hommes glapissaient des ordres secs. Mon père gémissait, alors qu'on l'enveloppait d'une couverture en aluminium. Toujours prostrée au fond de la pièce, Noisette avait le regard perdu, tandis qu'un homme lui tenait les épaules en lui expliquant que tout était fini.

Tout était fini. Facile à dire.

Maxence était debout devant moi. Il me tendait la main.

– Allez, a-t-il articulé, lève-toi. Ne reste pas comme ça.

Je n'ai pas pu soutenir son regard. J'avais trop honte. Mais je lui ai pris la main.

Et j'ai pleuré. Longtemps. Devant lui.

– C'est bon, a dit Maxence en me tournant le dos, comme ça tout est fini.

souris Noire

Dans la même collection

1 **Pinguino**
Franck Pavloff

2 **Lambada pour l'enfer**
Hector Hugo

3 **Le Squat résiste**
Franck Pavloff

4 **Ippon**
Jean-Hugues Oppel

5 **Cauchemar-rail**
Stéphanie Benson

6 **Mon frère est un drôle de type**
Olivier Mau

7 **La Calanque des ermites**
François Joly

8 **Un privé chez les nababs**
Gérard Moncomble

9 **Embrouille à minuit**
Malika Ferdjoukh

10 **Nuit rouge**
Jean-Hugues Oppel

11 **Aladdin et le crime de la bibliothèque**
Marie et Joseph

12 **Wiggins et le perroquet muet**
Béatrice Nicodème

13 **Wiggins et la ligne chocolat**
Béatrice Nicodème

14 **L'Assassin de papa**
Malika Ferdjoukh

15 **Frères de sang**
Olivier Thiébaut

16 **Le Disparu de Cabrérac**
Alix Clémence

17 **Le Père Noël s'appelle Basile**
Pierre Pelot

18 **La Planque**
Frédéric Fajardie

19 **L'Inconnue dans la maison**
Stéphanie Benson

20 **Tonton tué**
Serge Quadruppani

21 **Marathon sur l'estuaire**
Hubert Ben Kemoun

22 La Vengeance de la petite gitane
René Frégni

23 Pépé Grognon
Jean-Loup Craipeau

24 Un pavé dans la mare
Robert Deleuse

25 Une incroyable histoire
William Irish

26 Trois soleils mauves
Marc Menonville

27 L'aventure du pied du diable
Arthur Conan Doyle

28 Dans le grand bain
Jean-Hugues Oppel

29 Au bord de l'abîme
Charlotte Armstrong

30 Aladdin et la gare de Norvège
Marie et Joseph

31 Ninon et l'homme en noir
Alix Clémence

32 Tonton Émile
Olivier Mau

33 Le problème de la cellule 13
Jacques Futrelle

Achevé d'imprimer sur Cameron
par **Bussière Camedan Imprimeries**
à Saint-Amand-Montrond
Conception graphique couverture :
Didier Thimonier
Dessin de la Souris noire : Lewis Trondheim
Typo dessinée par Anne Ladevie
Dépôt légal : mars 1999
N° d'impression : 991250/1
Loi n° 49.956 du 16 juillet 1949
sur les publications destinées à la jeunesse